Freude in Christus

in Licht, Lied und Gedicht

Hans-Jürgen Sträter

Impressum: **Freude in Christus**
in Licht, Lied und Gedicht

von Hans-Jürgen Sträter

Coverbild: vom Herausgeber

1. Auflage vom 1. Januar 2015

ISBN: 9783734745836

(Hrsg.) V.i.S.P.: Hans-Jürgen Sträter
Wacholderstr. 26
26639 Wiesmoor
Redaktion: Hans-Jürgen Sträter
Tel.: 04944-5815
Fax: 04944-5839
kontakt@adlerstein.de
www.adlerstein-verlag.de

Herstellung und Verlag: BoD - Books on Demand, Norderstedt

© Adlerstein Verlag Wiesmoor, 2014

für unsere Kinder

„Du durchdringest alles.

Lass dein schönstes Lichte,

HERR, berühren mein Gesichte!

Wie die zarten Blumen

willig sich entfalten

und der Sonne stille halten,

lass mich so still und froh

deine Strahlen fassen

und dich wirken lassen!"

Gerhard Tersteegen (1697 – 1769)

Inhaltsverzeichnis   Seite

Vorwort

Im Anfang war das Wort und das Wort war bei Gott, und Gott war das Wort. Das selbe war im Anfang bei Gott.

Alle Dinge sind durch dasselbe gemacht, und ohne dasselbe ist nichts gemacht, was gemacht ist.In ihm war das Leben, und das Leben war das Licht der Menschen.

Und das Licht scheint in der Finsternis, und die Finsternis hat's nicht ergriffen.

Es war ein Mensch, von Gott gesandt, der hieß Johannes.

Der kam zum Zeugnis, um von dem Licht zu zeugen, damit sie alle durch ihn glaubten. Er war nicht das Licht, sondern er sollte zeugen von dem Licht. Das war das wahre Licht, das alle Menschen erleuchtet, die in diese Welt kommen.

Er war in der Welt, und die Welt ist durch ihn gemacht; aber die Welt erkannte ihn nicht. Er kam in sein Eigentum; und die Seinen nahmen ihn nicht auf.

Wie viele ihn aber aufnahmen, denen gab er Macht, Gottes Kinder zu werden, denen, die an seinen Namen glauben, die nicht aus dem Blut noch aus dem Willen des Fleisches noch aus dem Willen eines Mannes, sondern von Gott geboren sind.

Und das Wort ward Fleisch und wohnte unter uns, und wir sahen seine Herrlichkeit, eine Herrlichkeit als des einge-borenen Sohnes vom Vater, voller Gnade und Wahrheit.

Johannes gibt Zeugnis von ihm und ruft: Dieser war es, von dem ich gesagt habe: Nach mir wird kommen, der vor mir gewesen ist; denn er war eher als ich.

Und von seiner Fülle haben wir alle genommen Gnade um Gnade. Denn das Gesetz ist durch Mose gegeben; die Gnade und Wahrheit ist durch Jesus Christus geworden.

Niemand hat Gott je gesehen; der Eingeborene, der Gott ist und in des Vaters Schoß ist, der hat ihn uns verkündigt.

Johannes 1, 1-18

„Kinder des Lichtes

Licht vom Licht erleuchte mich,

dass ich, Vater, dich erkenne,

mache es auch mir möglich,

deinen Sohn gern zu bekennen,

auf ihn warten allezeit,

denn er kommt in Herrlichkeit!"

„Stilles Nachtlied

Wie das Licht so stille
sei befreit mein Wille,
beim Weben und Wandeln,
zum Heben und Handeln,
im Geben und Streben,
für's Lieben und Leben,
bis in der Nacht der Zeit
CHRISTUS er-scheint
- bist du bereit?!"

„Funkenflug

In der Dunkelheit der Zeit
scheint das kleinste Leuchten helle,
doch im Blick zur Ewigkeit
sind wir wie ein Funken schnelle.

Dennoch wirk' mit deinem Lichte
froh und mild und warm und gut,
der dir schenkt sein Angesichte,
gibt doch alles – auch den Mut!"

„Gottes Sohn

Gottes Sohn ließ den Thron,
wurde aller Welt geboren,
um zu retten, was verloren.

Engelsang, Hirtendank
Freude zu den Menschen brachte
und der Friede neu erwachte.

Sternenlicht, Weisensicht
konnten zu dem Heiland führen,
Wunder, die das Herz berühren.

Herrlichkeit dieser Zeit
möge über uns aufgehen,
dass wir unsern Herrn bald sehen!"

„Lichtblicke

Gern schaue ich der Sterne Raum
und denke: Welch ein wacher Traum.
Doch sehen kann das All sich nicht –
es braucht mein staunend Geisteslicht!"

„Sterne der Nacht

Je dunkler die Nacht,
um so heller leuchten die Sterne.
Drum bleib auf der Wacht,
behalte den Himmel stets gerne.

Je trüber der Tag,
um so fester hoffe und glaube.
Drum niemals verzag,
erhebe dich mutig vom Staube.

Je kälter die Welt,
umso wärmer werde dein Lieben.
Drum gib, was erhellt,
denn Meister wird man durch Üben.

Je näher Christus,
um so heller leuchten die Kerzen.
Drum weit aufgemacht,
dann brennen auch unsere Herzen."

„Himmel und Erde

Alles, was ich unten sehe,
Erde, Steine in der Nähe,
pack' ich an und mach daraus
fruchtbar Feld und volles Haus.

Aber oben in der Ferne
seh ich Himmel und die Sterne,
schau ein Stück der Ewigkeit,
da wird Herz und Seele weit.
Manches Menschenkind dann denkt:
Raum und Zeit sind mir geschenkt!"

„Christus, meine Freude

Christus, du mein Glaube,
heb mich aus dem Staube,
schenk mir wieder Mut.
Mach, dass doch die ganze Welt
durch dich Fried' und Freud' erhält
und was für uns gut.

Christus, all mein Hoffen,
mach den Himmel offen,
spend dein Gnadenlicht.
Wirke aus dem Geistesamt
Gottes Trost, den du gesandt,
gib uns klare Sicht.

Christus, meine Liebe,

reine Herzenstriebe

heilige aufs neu.

Hilf, dass ich trotz Kreuz und Hohn

wart' auf dich und deinen Lohn

und dir bleiben treu."

„Morgenstern der Herrlichkeit

Morgenstern der Herrlichkeit,
scheine tief in unsre Herzen,
mach uns Mut, damit auch heut'
leuchten hell des Glaubens Kerzen,
damit jeder, der dich nennt,
gern bekennt.

Morgenstern der Gnadenzeit,
scheine mild in unsre Herzen,
mach uns froh, dass weit und breit
leuchten hell der Liebe Kerzen,
wie ein wärmend Winterlicht,
still und schlicht.

Morgenstern der Ewigkeit,

scheine tief in unsre Herzen,

mach es licht, dass in die Zeit

leuchten hell der Hoffnung Kerzen,

in die dunkle Erdennacht,

auf der Wacht."

„Lied der Herzen

Frohe Herzen sind wie Kerzen,
wenn sie sich entzündet haben,
wollen Licht sie weitertragen

Feine Herzen spüren Schmerzen,
weil sie Freud und Leid erfahren,
können sie den andern tragen.

Reine Herzen singen Terzen,
gern sie unser´m Vater sagen,
dass sie Dank im Herzen haben.

Frohe Herzen sind wie Kerzen,
leuchtend sie die Hoffnung wagen:
Bald wird und der Morgen tagen!"

Warum ist Weihnachten?

Text: Hans-Jürgen Sträter
Musik: Jadwiga Scharonow

Wiesmoor - Leer, November 1999

„Sieben Wünsche

Wie eine Kerze möcht' ich sein
und leuchten in die Welt hinein,
hell und klein.

Wie eine Rose möcht' ich sein
und duften in die Welt hinein,
zart und fein.

Wie eine Glocke möcht' ich sein
und klingen in die Welt hinein,
klar und rein.

Wie alle Kinder möcht' ich sein
und lachen in die Welt hinein,
nie allein.

Wie volle Hände möcht' ich sein

und reichen in die Welt hinein,

stets verzeihn.

Wie frische Brote möcht' ich sein

und brechen in die Welt hinein

mit dem Wein.

Und so wie Du, Herr Jesus mein,

und lieben in die Welt hinein,

möcht' ich sein!"

„Find das Kind!

Find das Kind!
das geboren, auserkoren,
in der Krippe einst gelegen
will es heute uns bewegen.

Find das Kind!
in dritter Welt, das sich quält,
es soll fröhlich leben -
deine Hand kann geben.

Find das Kind!
der Nachbarschaft, ohne Kraft,
du musst gut hinhören -
keiner darf's zerstören.

Find das Kind!
unterm Herz, vermeide Schmerz,
es möchte gern bleiben,
lass es nicht abtreiben.

Find das Kind!
das in dir, hab nur Gespür,
Gott ist doch dein Vater,
sein Geist dein Berater!"

„Wann wird Weihnachten?

Wenn das Licht des Herrn
in uns hinein geboren,
das Herz ganz erfüllt
und auch den Nächsten wärmt,
dann ist Weihnachten!"

„Mit Christus

Mit Christus wandeln durch das Heut'
geht über in die Herrlichkeit,
in unser ewig Leben.

Darum öffnet die Herzen weit,
voll Freude, trotzet Schmerz und Leid,
mit Mut wir danach streben.

Der Herr bleibt uns für alle Zeit,
macht froh die Herzen stets bereit
mit ihm sich zu verweben!"

„Neue Freude

Immer wieder, immer leise
kommt im Winter eine Zeit,
in der alle sind bereit,
sich zu freu'n in alter Weise.

Mag es nicht Gewohnheit werden,
dass man sich nur einfach freut,
nur verwoben mit dem Heut',
denn wir bleiben nicht auf Erden.

Wenn wir in die Zukunft schauen,
denken dankbar wir zurück,
wagen dort den Zukunftsblick,
wird uns wunderbar Vertrauen.

Und auf einmal, garnicht leise,
wie in einer Winterzeit,
kommt für alle, die bereit,
große Freud' in neuer Weise!"

„Patenfreude

Maria, von Gott auserkoren,
hat Weihnachten den Sohn geboren.
Ein Krippenkind im Stall, ganz arm,
die Näh' der Tiere macht es warm.

Und Hirten hören Engelchöre
verkündend jubelnd Gottes Ehre.
Sie geben Dank und Freude weiter
dem kleinen Jesus, froh und heiter.

Im Tempel lang schon auf ihn warten
Hannah und Simeon, um dem zarten
Heiland der Welt noch zu begegnen,
um ihn von Herzen reich zu segnen.

Die Weisen kamen aus der Ferne
mit ihren Gaben für ihn gerne.
All' diese Verse woll'n uns raten:
Ein Kind wird glücklich durch die Paten!"

„In Freude geborgen

Geborgen in Marien Schoß
war es am Anfang arm und bloß
ein Kind nur, doch das wurde groß
und Jesu Liebe grenzenlos.

Da danken gern Herz, Mund und Hände,
Gott schenkt uns freudig ohne Ende
Geborgensein im Vaterschoß!"

Das Hohelied vom Licht

Hans-Jürgen Sträter

Karlheinz Cassens

1. Ich lie - be, Herr, dein Licht, sein We - sen, sanft und schlicht. Es ist so schön und klar, wohl - warm und im - mer wahr. Ich lie - be, Herr, dein Licht, ich lie - be, Herr, dein Licht!

2. Ich lie - be, Herr, dein Licht, das Dun - kel mag ich nicht. Selbst in der tief - sten Nacht hilfst du mir auf der Wacht.

3. Ich lie - be, Herr, dein Licht, und fürch - te kein Ge - richt, geh gern auf Got - tes Pfad, leb` stets von sei - ner Gnad.

4. Ich lie - be, Herr, dein Licht, und wenn mein Au - ge bricht, seh ich die Herr - lich - keit bei dir in ew - ger Freud.

„Leuchte weit!

Leuchte weit, leuchte weit!
Zion, leuchte in die Welt!
Gottes Wort stets Gnade bringe,
Glaube, Hoffen, Lieb erhellt.
Freiheit aus der Wahrheit dringe,
Fried' schafft Segen,
Stärke kommt aus Freud'.
Leuchte weit, leuchte weit!"

„Stille Nacht

Stille Nacht -
Himmelsmacht
schwebt nun in die Herzen ein.

Harfenklang -
Engelsang:
„Gottes Friede werde Dein!"

Kerzenlicht -
ein Gedicht,
Weihnachtsfreud' will wieder sein."

„Mache dich auf und werde licht!"

Mache die Berufung feste,
die an dir geschehen ist;
denn kommt dereinst das Höchste,
dass du immer bei Gott bist.

Dich ins Lebensbuch konnt' schreiben
Gottes Geist durch Wort und Hand,
mögest du nun freudig bleiben
in dem Gotteskinder-Stand.

Auf des Heilands Opfergabe
dürfen wir gestrost heut' baun.
Noch ist Raum und Zeit für Gnade,
wenn wir das nur richtig schaun.

Und im Geiste lasst uns wandeln,
wie zu Pfingsten es gesagt,
eifrig und in Liebe handeln,
bis der hellste Morgen tagt.

Werde bald der Herr erscheinen,
der schon lang verheißen ist!
Innig sehnen sich die Seinen,
dass er kürzt die Wartefrist.

Licht wird dann das ganze Leben,
licht und voller Seligkeit,
licht sein, ein beständig' Streben -
Licht bleibt uns in Ewigkeit!"

„Ohne Licht

Ohne Licht
kein Gedicht!
Ich könnte ja nicht schreiben
und müsste einsam bleiben.

Nämlich dich
gäb' es nicht!
Denn ein blindes Wesen
kann doch auch nicht lesen.

Ohne Licht
keine Sicht,
kein Sein ohne Werden
im Himmel und auf Erden!"

„Sei ein Adler!

Sei ein Adler und keine Ente,
liebe dein Wirken
und nicht nur die Rente;
zur Freude streben
ist Leben!"

„Es wird Zeit!

Die Zeit ist die Funktion des Lichts
und vor dem Licht war wirklich nichts?!
Wie kam das Licht zum Schwingen,
so dass die Uhren gingen
und alles konnt' beginnen?

Wer also sprach: Es werde Licht!,
diese drei Worte, kurz und schlicht?
Ein Kind weiß es, du glaubst es nicht?!
Geht dir einmal ein Licht hell auf –
dann kommst du drauf!"

„Leuchtfarbenfröhlich

Durch die Stille
des unendlichen Raumes
glüht einsam die Goldene.
Der Blaue umkreist sie liebevoll
in Milliarden Jahren und Herzen.
Wunderweise weben wir weiter,
denn fröhlich
leuchten uns die Farben
der Edelsteine und Sterne."

„Forschergeist

Erforsche das Werden der Sterne,

den Anfang des Seins in der Ferne,

schau auch freudig auf das Feine,

erkenne: du bist nicht alleine!"

„Sternenweise

So wie ein Stern am Himmel
möcht' meine Bahn ich ziehn –
ganz hell und leise.

Wer taucht in die Wolken ein,
der wird nur schnell verglüh'n –
nach kurzer Reise.

Drum bleib auf Gottes Wegen,
um ewig zu besteh'n –
in froher Weise!"

„Licht und Schatten

Kein Licht – nur Schatten.

Wenig Licht – viel Schatten.

Viel Licht – wenig Schatten.

Nur Licht – kein Schatten.

Wer von innen heraus leuchtet,

hat keinen Schatten."

„Licht

Licht, voll göttlicher Natur,

du besiegst die dunklen Mächte,

beschenkst mich mit Freude pur

und vertreibst die dunklen Nächte;

denn im Herzen das dich kennt,

Feuer brennt!"

„Mond und Sonnenschein

Der Mond hat nur den Schein,
die Sonne drängt ins Sein.
Sie drängt und dringt
und zwängt und zwingt,
gibt gern gutes Gelingen,
auf dass wir aufwärts schwingen.
So lasst uns fröhlich sein
bei Mond- und Sonnenschein!"

„Licht will leuchten

Licht will leuchten
und Tau feuchten.
Alle Gaben möchten geben,
lasst uns deshalb liebend leben;
denn Leben heißt Geben –
drum gibt und liebt!"

„Scharfsinnig?

Siehst du im Augenblick
dein Geschick?

Hörst du in dieser Zeit
Ewigkeit?

Schöpfst du aus jedem Sinn
auch Gewinn?

Fühlt dein Herz, was Gott gibt,
der dich liebt?"

„Dann kommt das Licht

Am Anfang aller Zeit
war Dunkelheit.
Dann kommt das Licht
und Gott in Sicht.

Am Ende dieser Zeit
ist Ewigkeit.
Denn Gott bleibt
und wen er ins Buch
des Lebens schreibt.

Gott ist getreu
und macht alles neu –
drum freu' dich ohne Scheu!"

„Licht heißt:

L eben i n ch ristlichen T ugenden!"

Alle Wunder dieser Welt

Text: Hans-Jürgen Sträter (geb.1953)

Karlheinz Cassens (geb.1934)

Sopran Alt

1. Al - le Wun - der die - ser Welt sind vom
2. Al - les Licht der gan - zen Welt hat sein
3. Al - len Dank aus uns` - er Welt brin - gen,
4. Und das Heil für al - le Welt hat uns

Tenor Bass

lie - ben Gott be - stellt. Macht die Oh - ren auf und
Va - ter - wort er - hellt. Macht die Au - gen auf und
die sein Geist er - wählt. Macht den Mund be - reit und
Got - tes Sohn er - stellt. Macht die Her - zen auf und

hört, - - was sein Schöp - fer - wort uns
seht, - - dass den rech - ten Weg ihr
singt, - - freu - dig es zum Him - mel
liebt, - - im - mer lebt, wer Lie - be

lehrt, - - 'was sein Schöp - fer - wort uns lehrt.
geht, - - dass den rech - ten Weg iht geht.
klingt, - - freu - dig es zum Him - mel klingt.
gibt, - - im - mer lebt wer Lie - be gibt.